Hühnchen & Co.

Salate

Gefüllte Avocado mit Geflügelsalat	4
Rucolasalat mit Hähnchenbrustfilet	6
Frühlingssalat mit Hähnchenfilet	8
Friséesalat mit Mango und Putenstreifen	10
Hähnchensalat mit Ananas & Sprossen	12

Fingerfood

Gefüllte Eier	16
Summer Sandwich	18
Hühnerlebercreme auf Crostini	20
Satéspießchen	22
Chickenburger	24
Chickenwings mit Paprikacreme	26

Schnell

Hühnersuppe mit Zitronengras	30
Milde Linsensuppe	32
Hähnchen mit Parmesankruste	34
Hähnchenbrust mit Aprikosenfüllung	36
Gemüsereisfleisch	38
Honig-Entenbrust mit Grapefruit	40
Zitronenhähnchen mit Knoblauch	42

Wenn man nicht alleine is(s)t

Pollo tonnato	46
Sesamhuhn mariniert	48
Coq au vin	50
Hähnchenbeine à l´Orange	52

Flugente mit süßer Rotkohlfüllung	54
Grillpfanne	56
Hähnchen mit Kokosmilch	58
Soup for the soul	60
Rezeptregister	62
Gasherd-Temperaturen	63
Backen mit Umluft	63
Mengen und Abkürzungen	63
Impressum	64

Na du Huhn!

Salate

Darf's ein bisschen knackig frisch und geflügelt sein?

Halt bloß die Klappe. Sonst könnte ich schnell vergessen, daß ich Vegetarier bin.

Gefüllte Avocado

mit Geflügelsalat

Für Gäste

Zutaten für 4 Personen:
2 doppelte Hähnchenbrustfilets
ohne Haut (je etwa 400 g)
1/8 l Weißwein
(ersatzweise Hühnerbrühe)
1 Stück frischer Ingwer
(etwa walnussgroß)
5 EL Zitronensaft
Salz, weißer Pfeffer, Zucker
2 Avocados
100 g Crème fraîche
1 EL geriebener
Meerrettich (Glas)
2 Knoblauchzehen
2 Prisen Cayennepfeffer
Und: Cocktailtomaten und
frische Kräuter zum Garnieren

Zubereitungszeit
40 Min.
Pro Portion ca.
420 kcal

1 Hähnchenbrustfilets waschen und in einem Topf mit Weißwein und soviel Wasser begießen, dass sie gerade bedeckt sind. Ingwer schälen und in Scheiben schneiden, mit 2 EL Zitronensaft in den Topf geben, alles mit Salz, Pfeffer und 2 Prisen Zucker würzen. Bei schwacher Hitze 15 Min. leicht kochen lassen, anschließend Fleisch aus dem Sud heben und erkalten lassen.

2 Avocados längs durchschneiden, Kern herauslösen. Aus den Hälften noch 4–5 TL Fruchtfleisch lösen und klein würfeln. Avocadohälften und Fruchtfleisch mit dem restlichen Zitronensaft beträufeln.

3 Crème fraîche mit Meerrettich in einer Schüssel verrühren, Knoblauch schälen und dazupressen. Mit 1–2 EL Kochsud, 1 Prise Zucker und Cayennepfeffer pikant abschmecken.

Hähnchenfleisch klein würfeln, mit den Avocadostückchen unter die Sauce mengen. Den Salat in die Avocadohälften füllen und mit Kräutern, die Teller mit halbierten Cocktailtomaten garnieren.

4

Rucolasalat
mit Hähnchenbrustfilet

Gelingt leicht

Zutaten für 4 Personen:
2 Bund Rucola
500 g Cocktailtomaten
500 g Hähnchenbrustfilet
ohne Haut (in Scheiben)
3 EL Öl
1 EL Mehl
Salz, weißer Pfeffer
1 Knoblauchzehe
2–3 EL Aceto Balsamico
5 EL Olivenöl
1 Prise Zucker
1 EL grüne Pfefferkörner
(aus dem Glas)
50 g Parmesan

Zubereitungszeit
ca. 40 Min.
Pro Portion ca.
340 kcal

1 Die Salatblätter von den groben Stielenden befreien. Den Rucola waschen, trockenschleudern und auf vier flache Teller verteilen. Die Tomaten waschen, abtrocknen, halbieren und auf den Rucola legen.

2 Hähnchenbrustfilet waschen, abtrocknen und in 1 cm breite Streifen schneiden. Das Öl in einer Pfanne erhitzen. Die Fleischstreifen kurz in dem Mehl wenden und bei starker Hitze portionsweise 5 Min. unter ständigem Wenden braten, dann aus der Pfanne nehmen und mit Salz und Pfeffer würzen, warm stellen.

3 Den Knoblauch schälen und klein würfeln. 2 EL heißes Wasser mit dem Aceto Balsamico, dem Olivenöl, einer Prise Zucker und dem Knoblauch in den Bratansatz rühren. Die abgetropften grünen Pfefferkörner unter-

mischen. Die Sauce mit Salz und Pfeffer abschmecken.

4 Die lauwarmen Filetstreifen auf die Salatteller verteilen, mit der Sauce beträufeln. Parmesankäse über die Portionen hobeln. Den Salat sofort servieren. Ofenfrisches Baguette dazu reichen.

Wir müssen uns als Team verstehen!

Aha

Rezept

Frühlingssalat
mit Hähnchenfilet

Schnell

Zutaten für 4 Personen:
200 g Zuckerschoten
Salz
300 g Kohlrabi
1 kleiner Kopf Bataviasalat
1 Handvoll Kerbel oder Petersilie
3 EL Essig
Pfeffer
6 EL Öl
200 g Hähnchenbrustfilet

Zubereitungszeit
30 Min.
Pro Portion ca.
220 kcal

1 Die Zuckerschoten putzen und in Salzwasser 2 Min. blanchieren. Abschrecken und gut abtropfen lassen.

2 Die Kohlrabi schälen, vierteln und in dünne Scheiben schneiden. Den Salat putzen, waschen; die Blätter mundgerecht zerpflücken. Den Kerbel abbrausen, die Blättchen abzupfen. Essig, Salz, Pfeffer und 4 EL Öl zu einer Vinaigrette rühren.

3 Das Hähnchenfilet in mundgerechte Stücke schneiden, im übrigen Öl anbraten; salzen und pfeffern.

4 Gemüse, Salat und Kerbel in der Sauce marinieren. Mit dem Hähnchen anrichten.

8

Dressing?

Italienisch!

T.GAY

Tipp:
Das Hähnchen mit Sesam bestreuen
oder statt Hähnchen Garnelen braten.

9

Friséesalat

mit Mango und Putenstreifen

Raffiniert

Zutaten für 4 Personen:
400 g Putenschnitzel
2 EL Öl
2 EL Sesamsamen
Salz, Pfeffer
1 kleiner Friséesalat
(etwa 200 g)
1 Mango
2 EL Crème fraîche
1/2 TL Curry
4–5 EL Zitronensaft
3 EL Sojaöl
1 TL Honig

Zubereitungszeit
ca. 40 Min.
Pro Portion ca.
360 kcal

1 Die Putenschnitzel in zentimeterbreite Streifen schneiden. Das Öl in einer Pfanne erhitzen und das Fleisch darin bei mittlerer Hitze in 5 Min. goldbraun braten. 1 EL Sesam darüber streuen und kurz mitrösten. Das Fleisch salzen, pfeffern und aus der Pfanne nehmen. Den restlichen Sesam in der Pfanne hellbraun rösten und beiseite stellen.

2 Den Friséesalat putzen, zerzupfen, waschen und in einem Sieb gut abtropfen lassen.

3 Die Mango schälen und das Fruchtfleisch in Spalten rund um den Kern abschneiden. Ein Drittel des Fruchtfleischs mit der Crème fraîche pürieren, mit Salz, Pfeffer, Curry und 2 EL Zitronensaft würzen. Die restliche Mango in kleine Würfel schneiden.

4 Den restlichen Zitronensaft mit dem Sojaöl, dem Honig, Salz und Pfeffer verrühren. Den Friséesalat in der Salatsauce wenden und auf vier Tellern anrichten. Die Putenstreifen darauf verteilen und jeweils 1 Klecks Mangopüree darauf setzen. Mit den Mangowürfeln und dem gerösteten Sesam bestreuen.

Hähnchensalat
mit Ananas und Sprossen

Gut vorzubereiten

Zutaten für 4 Personen:
2 EL Öl
600 g Hühnerbrustfilet
Salz
Pfeffer
1 kleine frische Ananas
150 g Sojasprossen (frisch oder aus dem Glas)
1 Handvoll Kerbel
125 g Mayonnaise (80 %)
3 EL Joghurt
2–3 EL Zitronensaft
1 Msp. Cayennepfeffer
1 TL Chinagewürz
1 Prise Zucker
Salatblätter zum Anrichten nach Belieben

Zubereitungszeit
45 Min.
Pro Portion ca.
550 kcal

1 Das Öl in einer Pfanne erhitzen und das Fleisch darin beidseitig anbraten. Dann zugedeckt bei mittlerer Hitze in 10 Min. fertiggaren. Mit Salz und Pfeffer würzen, herausnehmen und abkühlen lassen.

2 Inzwischen die Ananas großzügig schälen, vierteln und den inneren holzigen Strunk herausschneiden. Die Ananasviertel in kleine Stücke schneiden und in eine Schüssel füllen.

3 Frische Sojasprossen mit kochendem Wasser überbrühen und wie Sprossen aus dem Glas gut abtropfen lassen. Das Hühnerbrustfilet in mundgerechte Stücke schneiden und mit den Sprossen zur Ananas in die Schüssel geben.

4 Den Kerbel waschen. Zwei Drittel der Blättchen fein hacken, den Rest beiseite legen.

5 Die Mayonnaise mit Joghurt, Zitronensaft, Salz, Pfeffer, Cayennepfeffer, Chinagewürz und Zucker verrühren. Den gehackten Kerbel dazugeben. Die Sauce über die Salatzutaten gießen und gut mischen.

Das mit den Sprossen hast du falsch verstanden!

6 Eine Platte nach Belieben mit den Salatblättern auslegen und den Hähnchensalat darauf anrichten. Mit den restlichen Kerbelblättchen bestreuen.

Fingerfood

Wer braucht schon Messer und Gabel?

Gefüllte Eier

Schnell

Zubereitungszeit
ca. 30 Min.
Pro Portion ca.
60 kcal

Für 16 Eierhälften
Zutaten für 4 Personen:
8 Eier
Für die Avocado-Füllung:
1 kleine Tomate
1/4 Avocado
1 Spritzer Zitronensaft
1 TL Schmand
2 Tropfen Tabasco
Salz, Pfeffer
1/2 Scheibe gekochter Schinken
Für die Krabben-Füllung:
3 EL Nordseekrabben
2 Stängel Dill
2 EL Mayonnaise
1 TL Cognac
1 TL Sherry
Cayennepfeffer
gemahlener Ingwer
Salz
8 Spargelspitzen (aus dem Glas)

1 Eier hart kochen, abschrecken und auskühlen lassen. Anschließend pellen, längs halbieren und Eigelbe herausdrücken.

2 Tomaten kreuzweise einritzen, mit heißem Wasser überbrühen, häuten, halbieren, entkernen und klein würfeln.

3 Eigelbe von vier Eiern fein würfeln. Avocado fein zerdrücken, mit Tomate, Eigelben, Zitronensaft und Schmand verrühren und mit Tabasco, Salz und Pfeffer abschmecken.

4 Avocadocreme mit einem Teelöffel in acht Eierhälften füllen. Schinken würfeln und auf die Creme streuen.

5 Krabben abspülen und trocken tupfen. Dill waschen, Spitzen abzupfen, acht Spitzen zur Seite legen und den Rest fein hacken. Restliche Eigelbe fein zerdrücken.

6 Mayonnaise mit Eigelben, gehacktem Dill, Cognac und Sherry verrühren und mit Cayennepfeffer, Ingwer und Salz abschmecken. Krabben unterheben. Füllung mit einem Teelöffel in die übrigen acht Eihälften füllen. Je eine Spargelspitze auf eine Eihälfte legen und mit Dillspitzen dekorieren.

16

ZUM HASEN

OSTER-MENÜE

Verlorenes Ei
in Barolo   27.50

Eiersalat au
Balsamico-Essig   17.90

Bunte Eier in
Nudelnest   31.-

Überraschungs-Ei
(nur für 2 Personen)   38.-

Dessert:
- Schoko-Ei
- Ei-Creme
- Eierlikör

"Da hätten wir auch zu Hause essen können!"

Summer-Sandwich

Lässt sich gut vorbereiten

Zutaten für 4 Personen:
250 g Putenschnitzel
Salz
1 EL Olivenöl
5 EL Mayonnaise
1 EL Ketchup
8 Scheiben Sandwichtoast
oder Kastenweißbrot
12 Salatgurkenscheiben
4 EL Sojabohnensprossen
12 Scheiben rote Bete
4 Tomatenscheiben

Zubereitungszeit
ca. 20 Min.

Pro Portion ca.
310 kcal

1 Das Putenschnitzel waschen, trockentupfen und in Streifen schneiden. Mit Salz würzen und im heißen Öl in etwa 8 Min. rundherum braten.

2 Die Mayonnaise mit Ketchup verrühren und die Brotscheiben damit bestreichen.

3 Die Hälfte der Brote mit den Gurkenscheiben, den Sprossen, den roten Beten, den Tomatenscheiben und dem Putenfleisch belegen. Die restlichen Brotscheiben darüberklappen und die Sandwiches diagonal durchschneiden.

18

Hühnerlebercreme

auf Crostini

Gelingt leicht

Zutaten für 4 Personen:
250 g Hühnerleber
2 Schalotten oder kleine Zwiebeln
2 TL Butter
1 cl Sherry oder Madaira
oder Cognac
100 bis 150 ml Sahne
1 EL grüner Pfeffer aus dem Glas
Salz, frisch gemahlener Pfeffer
1 Baguette

Zubereitungszeit
30 Min.
Pro Portion ca.
350 kcal

1 Hühnerleber putzen, von Fett, Häuten und Sehnen befreien. Die Schalotten fein hacken.

2 Butter in einer Pfanne erhitzen. Die Schalotten darin anbraten, Hühnerleber dazugeben und bei milder Hitze braten, bis sie innen noch leicht rosa ist (nicht zu lange, sonst wird sie trocken).

3 Salzen und pfeffern und mit dem Sherry ablöschen. Kurz weiter schmoren. Die Lebern in der Pfanne abkühlen lassen.

4 Dann die Lebern mit etwa 100 ml Sahne in einem hohen Becher mit dem Stabmixer pürieren. Die Masse soll dickflüssig sein. Eventuell noch etwas Sahne dazugeben. Die grünen Pfefferkörner unterrühren und noch einmal mit Salz abschmecken.

5 Für die Crostini Baguette in Scheiben schneiden und diese rösten. Crostini zur Creme reichen.

20

Denk an deine Leber!

Das besorgen schon genug andere für mich!

P. 644

Tipp:
Die Creme schmeckt auch sehr gut auf Bauernbrot.
In einem gut verschlossenen Glas im Kühlschrank
hält sich die Creme einige Tage.

Satéspießchen

Lässt sich gut vorbereiten

Zutaten für 4 Personen:
2 Knoblauchzehen
1/2 Chilischote
150 g geröstete Erdnüsse
2–3 EL Sojasauce
1 EL Zucker
300 ml Kokosmilch
400 g Hähnchenbrustfilet
Salz
2 EL Öl

Zubereitungszeit
25 Min.
Pro Portion ca.
380 kcal

1 Den Knoblauch schälen, die Chilischoten entkernen und kleinschneiden. Mit Erdnüssen, Sojasauce, Zucker und 100 ml Kokosmilch pürieren. Die Paste erhitzen und die restliche Kokosmilch unterrühren.

2 Das Hähnchenbrustfilet in 4–5 cm lange, dünne Streifen schneiden. Das Fleisch salzen, auf Spieße stecken und im Öl von beiden Seiten 4–5 Min. braten. Mit der Erdnusssauce servieren.

Tipp:

Satéspießchen isst man mit Basmati-Reis. Wenn's schnell gehen soll, schmeckt auch frisches Weißbrot gut dazu.

22

Chickenburger

Gelingt leicht

Zubereitungszeit
ca. 45 Min.
Pro Portion ca.
413 kcal

Zutaten für 4 Personen:
1 hartgekochtes Ei
1 Fleischtomate
4 Cornichons (aus dem Glas)
1/2 weiße Gemüsezwiebel
1/2 Kästchen Gartenkresse
1 EL Kapern (aus dem Glas)
einige schöne Blätter
Kopfsalat
150 g Mayonnaise (10 %)
1 EL mittelscharfer Senf
400 g Hähnchenbrustfilet
ohne Haut
1/2 TL Paprika, rosenscharf
Salz
2 EL Mineralwasser
3 EL Öl
4 Hamburger-Brötchen

1 Das Ei schälen, die Tomate waschen. Beides in Scheiben schneiden. Die Cornichons feinblättrig einschneiden und fächerartig flach drücken. Die Zwiebel schälen und in dünne Ringe schneiden. Die Kresse vom Beet schneiden und säubern, die Kapern abtropfen lassen und fein hacken. Die Salatblätter waschen und abtropfen lassen. Die Mayonnaise mit dem Senf und den Kapern verrühren.

2 Das Hähnchenbrustfilet waschen, abtrocknen, mit einem scharfen Messer oder im Blitzhacker portionsweise sehr kurz fein hacken. Mit dem Paprika und einer kräftigen Prise Salz würzen und mit dem Mineralwasser mischen. Mit nassen Händen vier flache Frikadellen formen.

3 Das Öl in einer beschichteten Pfanne erhitzen und die Frikadellen darin von beiden Seiten je 3–4 Min. braten. Auf Küchenpapier abfetten lassen. Die Hamburger-Brötchen halbieren. Salatblätter zerzupfen und auf die unteren Hälften legen. Tomaten- und Eischeiben, Zwiebelringe und Senfmayonnaise darüber verteilen. Die Kresse darauf arrangieren und die Frikadellen darauf setzen. Mit je einem Cornichon abschließen, Brötchendeckel darauf legen.

Tipp:

Dazu schmeckt ein fruchtiger Salat aus frischen Ananasstücken, Orangenfilets und halbierten Cocktailtomaten auf Kopfsalatblättern, angemacht mit einer Joghurtsauce.

25

Chickenwings
mit Paprikacreme

Schmeckt nur ganz frisch

Zutaten für 4 Personen:
2 unbehandelte Zitronen
16 große Hähnchenflügel
(1,2–1,6 kg)
6 EL Olivenöl (+ Öl für die Form)
2 TL Ahornsirup
(oder flüssiger Honig)
Salz, schwarzer Pfeffer
4 Knoblauchzehen
4 EL Tomatenketchup
5–6 EL Ajvar (scharfe Paprikapaste,
aus dem türkischen
Feinkostgeschäft oder gut
sortierten Supermarkt)
Cayennepfeffer

Zubereitungszeit
25 Min.
Pro Portion ca.
365 kcal

1 Den Backofengrill auf höchste Stufe oder den Umluftherd auf 200° vorheizen. Die Zitronen heiß waschen und abtrocknen. Eine Zitrone in dünne Scheiben schneiden, die andere auspressen. Die Hähnchenflügel waschen und gut trockentupfen.

2 Olivenöl, 4 EL Zitronensaft, Ahornsirup, Salz und Pfeffer verrühren. Knoblauch schälen, 2 Zehen dazupressen. Hähnchenflügel mit der Marinade bestreichen. Die Fettpfanne einölen und die Hähnchenflügel darauf legen. Im Ofen auf der zweiten Schiene von unten in 14–16 Min. knusprig grillen, dabei einmal wenden.

3 Inzwischen übrigen Zitronensaft mit dem Tomatenketchup verrühren. Ajvar nach gewünschter Schärfe da-

zugeben. Den restlichen Knoblauch dazupressen. Die Creme mit Salz und Cayennepfeffer abschmecken.

4 Die Hähnchenflügel mit den Zitronenscheiben auf einer Platte anrichten und mit Paprikacreme servieren.

26

Tipp:

Sie können die Hähnchenflügel auch im Backofen bei 250°
in 15–20 Min. garen oder in einer großen Pfanne braten.

27

Schnelles

Schneller gemacht als gegessen

Sag mal, ist heut Vollmond?

Hühnersuppe
mit Zitonengras

Raffiniert

Zubereitungszeit
ca. 30 Min.
Pro Portion ca.
170 kcal

Zutaten für 4 Personen:
2 Stengel Zitronengras
1 Stück frischer Galgant
(Khaa; etwa 5 cm lang)
3 Zitronenblätter
250 g Austernpilze oder
Champignons
2 mittelgroße Tomaten
3 frische thailändische
Chilischoten
500 g Hühnerbrustfilet
1 Dose Kokosmilch (400 ml)
4 EL Zitronensaft
4 EL Fischsauce
Zum Garnieren frischer
Koriander

1 Das Zitronengras waschen und in etwa 3 cm große Stücke schneiden. Den Galgant waschen und in dünne Scheiben schneiden. Die Zitronenblätter waschen und vierteln.

2 Die Pilze putzen und in mundgerechte Stücke schneiden. Die Tomaten waschen, vierteln und von den Stielansätzen befreien. Die Chilis waschen und in dünne Ringe schneiden. Die Hühnerbrust in etwa 1 cm breite und 4 cm lange Streifen schneiden.

3 Die Kokosmilch erhitzen. Das Zitronengras, die Zitronenblätter und den Galgant dazugeben. Die Kokosmilch bei mittlerer Hitze ohne Deckel etwa 2 Min. kochen lassen.

4 Etwa 3/4 l Wasser dazugießen und erhitzen. Das Fleisch, die Pilze und die Tomaten dazugeben und bei schwacher Hitze offen weitere 5 Min. köcheln lassen.

5 Die Chilis, den Zitronensaft und die Fischsauce in eine Suppenschüssel geben. Die heiße Suppe hineingießen, mit Koriander garnieren und servieren.

Tipp:

Zitronengras und Galgant sind nur Gewürz, deshalb nie mitessen.

30

Milde Linsensuppe

Preiswert

Zutaten für 4 Personen:
600 g Kartoffeln
1 dicke Stange Lauch
1 Knoblauchzehe
2 EL Öl
1 l Gemüsebrühe
1 EL mildes Currypulver
250 g rote Linsen
200 g Putenbrustfilet
Salz, Pfeffer

Zubereitungszeit
ca. 30 Min.
Pro Portion ca.
430 kcal

1 Die Kartoffeln schälen und in grobe Stücke zerteilen. Lauch waschen und schräg in 1 cm dicke Ringe schneiden. Den Knoblauch schälen und hacken.

2 In einem Topf in einem EL Öl Kartoffeln, Lauch und Knoblauch andünsten und mit der Brühe ablöschen. Mit Curry würzen und 25 Min. köcheln lassen. Die Linsen erst 15 Min. vor Ende der Garzeit zugeben.

3 Das Putenbrustfilet mit Salz und Pfeffer würzen. Im restlichen Öl anbraten; herausnehmen. Den Fond mit wenig Wasser loskochen, zum Eintopf geben, abschmecken und auf die Teller verteilen. Das Fleisch in dünne Streifen schneiden und auf der Suppe anrichten.

Tipp:

In den Eintopf passen gut Tomaten. Den Inhalt einer kleinen Dose Tomaten grob zerkleinern und mit dem Tomatensaft in den Eintopf geben. Mit italienischen Kräutern abschmecken.

33

Hähnchen
mit Parmesankruste

Gut vorzubereiten

Zutaten für 4 Personen:
4 Hähnchenbrustfilets
(ca. 500 g)
Salz , Pfeffer
1 Ei
4 EL Semmelbrösel
5 EL geriebener Parmesan
2 EL Butterschmalz

Zubereitungszeit
ca. 20 Min.
Pro Portion ca.
270 kcal

1 Von den Hähnchenbrustfilets Sehnen und Haut wegschneiden. Jedes Filet quer halbieren, so dass 8 dünne Schnitzel entstehen. Das Fleisch leicht salzen und pfeffern.

2 Das Ei in einem Suppenteller verquirlen. Auf einem zweiten Teller die Semmelbrösel mit dem Parmesan mischen. Die Hähnchenschnitzel nacheinander erst in Ei, dann in der Parmesanmischung wenden.

3 Das Fleisch im erhitzten Butterschmalz von jeder Seite in ca. 5 Min. goldgelb braten. Dazu schmeckt Gemüsereis.

Tipp:

Schneiden Sie das Fleisch vor dem Panieren in mundgerechte Stücke, braten Sie es und dippen Sie die Stücke in selbstgemachte Sauce, z. B. in einen Mangodip: Das Fruchtfleisch von 1 Mango pürieren und mit Salz und Cayennepfeffer abschmecken.

Würden sie sich mit Käse überbacken lassen?

Natürlich nicht – aber um Gottes Willen ist irgendwas mit ihrem Mann??

35

Mitte Vierzig ist mir dann plötzlich die Brust in den Bauch gerutscht!

Hähnchenbrust
mit Aprikosenfüllung

Preiswert

Zutaten für 4 Personen:
2 doppelte Hähnchen-
brustfilets (550 g)
Salz
3 reife Aprikosen
einige Zweige
Zitronenmelisse
2 TL Honig
Currypulver
2 EL Butterschmalz

Zubereitungszeit
ca. 30 Min.
Pro Portion ca.
240 kcal

1 Von den Hähnchenbrustfilets Haut und Sehnen wegschneiden. Die Filets von beiden Seiten salzen. Das Aprikosenfruchtfleisch fein würfeln. Die Zitronenmelisseblättchen hakken.

2 Die Hähnchenbrustfilets auseinanderklappen, mit Honig bestreichen. Kräuter und Aprikosenstücke darauf verteilen; mit Curry würzen. Fleisch zusammenklappen, mit Zahnstochern zusammenstecken und rundherum mit Curry würzen. Im heißen Butterschmalz erst von jeder Seite in ca. 5 Min. goldbraun anbraten, dann nochmals zugedeckt in je 5 Min. fertigbraten. Die Garzeit richtet sich nach der Dicke der Filets.

3 Zum Servieren die Zahnstocher aus dem Fleisch ziehen und die Hähnchenbrüste in Scheiben schneiden.

Tipp:

Dazu schmeckt Mandelreis sehr lecker. Wer eine Sauce dazu möchte, brät 2 gewürfelte Aprikosen 2 Min. im Fleisch-Bratensatz an, löscht mit 100 g Sahne ab und würzt mit Salz, Curry und 1 Prise Zimt.

Gemüse-Reisfleisch

Preiswert

Zutaten für 4 Personen:
400 g Putenbrustfilet
400 g Möhren
250 g TK-Erbsen
2 EL Olivenöl
Salz, Pfeffer
300 g 8-Minuten-Kurzzeitreis
1 Dose Mais (ca. 300 g)
600 ml Gemüsebrühe

Zubereitungszeit	ca. 30 Min.
Pro Portion ca.	760 kcal

1 Das Fleisch in dünne Streifen schneiden. Die Möhren schälen und in dünne Scheiben schneiden, die Erbsen antauen lassen.

2 Das Öl erhitzen und das Fleisch darin 3 Min. anbraten, salzen und pfeffern. Die Möhren 3 Min. mitbraten. Reis, Erbsen und abgetropften Mais untermischen; mit der heißen Brühe abblöschen. Mit Salz und Pfeffer würzen. Aufkochen und den Reis offen in 8 Min. ausquellen lassen; öfters umrühren, nochmal abschmecken.

Variante:

Noch schneller geht's, wenn Sie statt frischem Gemüse 700 g tiefgekühltes Pfannen- oder Suppengemüse verwenden.

Am unberechenbarsten sind
die, die vor Wut kochen!

39

Honig-Entenbrust

mit Grapefruit

Für Gäste

Zutaten für 2 Personen:
1 Entenbrustfilet (etwa 320 g)
200 g Staudensellerie
2 Frühlingszwiebeln
50 g frische Sojasprossen
1 kleine rosa Grapefruit
(ersatzweise 1 Orange)
6 EL Geflügelfond
(aus dem Glas)
1 EL Sojasauce
1 TL Honig
1 gestrichener TL
Speisestärke
1/2 TL gemahlener Ingwer
Salz, schwarzer Pfeffer
6 Basilikumblätter

Zubereitungszeit
ca. 35 Min.
Pro Portion ca.
445 kcal

1 Das Filet häuten und in Streifen schneiden, 10 g Haut fein würfeln. Sellerie und Frühlingszwiebeln waschen, putzen und in feine Scheibchen schneiden. Sprossen abbrausen und abtropfen lassen.

2 Grapefruit samt der weißen Haut schälen, filetieren und den Saft auffangen. Trennwände ausdrücken. Saft (etwa 90 ml) mit Fond, Sojasauce, Honig, Stärke und Ingwer verquirlen.

3 Die Entenhaut in einer Pfanne ausbraten, Fleisch darin bei mittlerer Hitze in 5 Min. bräunen. Herausnehmen, salzen und pfeffern.

4 Sellerie, Frühlingszwiebeln und Sprossen 3 Min. anbraten. Sauce angießen, bei schwacher Hitze 2 Min. köcheln lassen. Fleisch und Grapefruitfilets untermischen. Salzen, pfeffern und mit Basilikum bestreuen.

Hab was neues probiert!

Dass du mir aber auch die Sauerei wieder wegräumst in der Küche!

41

Zitronenhähnchen

mit Knoblauch

Gelingt leicht

Zutaten für 2 Personen:
1 Brathähnchen (etwa 800 g)
1 unbehandelte Zitrone
1 EL Rosmarinnadeln
1 TL Olivenöl
Kräutersalz
schwarzer Pfeffer
750 g festkochende Kartoffeln
3–6 Knoblauchzehen
1 Bratbeutel

Zubereitungszeit
ca. 20 Min.
(+ 45–55 Min. Braten)
Pro Portion ca.
765 kcal

1 Den Backofen auf 220° vorheizen. Das Hähnchen waschen und trockentupfen.

2 Die Zitrone heiß waschen, die Schale fein abreiben. Zitrone dick schälen und die Filets herausschneiden. Vom Rosmarin 1 TL Nadeln sehr fein hacken.

3 Die Zitronenschale, Rosmarin, Öl, 1/4 TL Salz und etwas Pfeffer mischen. Das Hähnchen damit einreiben.

4 Kartoffeln schälen, klein würfeln, leicht salzen und pfeffern. Knoblauch schälen, unzerteilt lassen.

5 Hähnchen, Kartoffeln, Knoblauch, Zitronenfilets und übrigen Rosmarin in den Bratbeutel füllen. Nach Packungsangabe verschließen und oben einstechen.

6 Bratbeutel auf den kalten Rost legen, Fettpfanne darunter schieben. Hähnchen im Ofen (2. Schiene von unten, Umluft 200°) in 45–55 Min. goldbraun braten.

7 Den Bratbeutel aufschneiden, das Hähnchen herausheben und mit Kartoffeln und Zitrone anrichten.

42

Wenn man nicht alleine is(s)t

Hier sind die richtigen Rezepte zum Beeindrucken und Verwöhnen

Pollo tonnato

Gelingt einfach

Zutaten für 6 Personen:
4 Hähnchenbrustfilets
ohne Haut (ca. 550 g)
Salz
2 EL Öl
1 Dose Tunfisch im eigenen Saft
(150 g Abtropfgewicht)
100 g Schmand
4 TL Kapern, in Essig
eingelegt
3 EL Zitronensaft
Pfeffer
Außerdem:
Kapern zum Bestreuen

Zubereitungszeit
25 Min., Kühlzeit:
mind. 1 Std.
Pro Portion ca.
170 kcal

1 Das Hähnchenfleisch waschen, trockentupfen und rundherum salzen. Im Öl von jeder Seite ca. 7–8 Min. braten.

2 Den Tunfisch abtropfen lassen. Mit Schmand, abgetropften Kapern und Zitronensaft pürieren. Mit Salz und Pfeffer abschmecken.

3 Das Hähnchenfleisch in dünne Scheiben schneiden und auf einer Platte anrichten. Die Thunfischsauce darüber verteilen und mit einer Frischhaltefolie bedeckt mindestens 1 Std. im Kühlschrank durchziehen lassen.

4 Das Pollo tonnato mit Kapern bestreuen und mit frischem Weißbrot servieren.

Tipp:

Wenn Sie Pollo tonnato vorbereiten möchten, braten Sie das Hähnchen und pürieren Sie die Sauce, stellen aber beides getrennt in den Kühlschrank. Mindestens 1 Std. vor dem Servieren sollten Sie das Fleisch dann aufschneiden und marinieren.

...llo tomato ...lingt interessant!

Ich liebe die italienische Küche – vielleicht grade weil man nicht alles versteht.

Sesam-Huhn
mariniert

Gut vorzubereiten

Zutaten für 4 Personen:
500 g Hühnerbrustfilet
1 EL Sesamöl
Salz
weißer Pfeffer
3–4 Sellerieblätter
1 Zwiebel
2 EL milde Sojasauce
1/2 TL chines. Fünf-Gewürz-Pulver
2 EL Limettensaft
1 EL Akazienhonig
1 Stückchen frischer Ingwer
3 Frühlingszwiebeln
4 EL Sesamsamen

Zubereitungszeit
40 Min.
(+ 30 Min. Garen)
Pro Portion ca.
200 kcal

1 Die Hühnerfilets mit Sesamöl, Salz und Pfeffer einreiben. Die Sellerieblätter waschen und abtropfen lassen. Die Zwiebel schälen und in Scheiben hobeln. Den Backofen auf 180° (Umluft 160°) vorheizen. Ein Stück Alufolie auf der blanken Seite mit etwas Sesamöl einstreichen, die Hühnerbrüste darauf legen. Die Zwiebelscheiben und die Sellerieblätter um das Fleisch legen und alles in die Folie einschlagen. Folie dicht verschließen.

2 Das Fleisch im Backofen (Mitte) in etwa 30 Min. garen. Herausnehmen und in der Folie abkühlen lassen.

3 Inzwischen aus Sojasauce, Gewürzpulver, Limettensaft und Akazienhonig mit 3 EL Wasser eine Marinade rühren. Den Fleischsaft aus dem Alupäckchen dazugießen. Die

Zwiebelringe und Sellerieblätter vom Hühnerfleisch entfernen. Das Fleisch in Scheiben schneiden und auf einer Platte anrichten.

4 Die Marinade abschmecken und über das Fleisch gießen. Den Ingwer schälen und fein hacken. Die Frühlingszwiebeln waschen, putzen und in feine Ringe schneiden. Die Sesamsamen in einer Pfanne bei

Gibt es Gewürze, auf die sie allergisch reagieren?

P. b44

mittlerer Hitze rösten, bis sie duften.
Ingwer, Zwiebeln und Sesamsamen
über das Fleisch streuen und das Se-
sam-Huhn bis zum Essen kalt stellen.

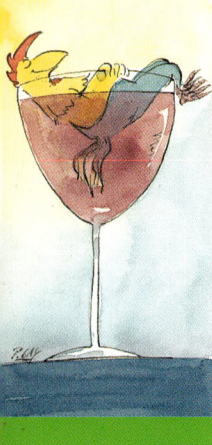

Coq au vin

Gelingt leicht

Zutaten für 4 Personen:
1 küchenfertiges Brathähnchen
(etwa 1,2 kg)
8 Frühlingszwiebeln
100 g durchwachsener
Räucherspeck
2 Schalotten
50 g Butter
1 EL Mehl
1/2 l guter Rotwein
2 Schnapsgläser
Cognac (4 cl)
1 Bouquet garni (Gewürz-
sträußchen aus l Lorbeer-
blatt, 1 Zweig Thymian,
2 Stängeln Petersilie)
1 Messerspitze Muskatnuss,
frisch gerieben
Salz, Pfeffer
150 g Champignons

Zubereitungszeit
ca. 1 Std. 10 Min.
Pro Portion ca.
620 kcal

1 Das Hähnchen kalt waschen und vierteln. Die Zwiebeln putzen und in Ringe schneiden. Den Speck fein würfeln. Die Schalotten schälen und fein hacken.

2 In einem dickwandigen Schmortopf die Hälfte der Butter zerlassen. Den Speck und die Zwiebeln darin anbraten, herausnehmen und beiseite stellen. Die Hähnchenteile in dem Fett anbraten, das Mehl darüber stäuben. Die Schalotten dazugeben und alles ein paar Minuten schmoren lassen. Wein und Cognac angießen. Das Bouquet in den Topf geben. Mit Muskat, Salz und Pfeffer würzen. Alles zugedeckt bei schwacher Hitze ca. 30 Min. garen.

3 Inzwischen die Champignons putzen. Die restliche Butter zerlassen und die Champignons darin bei schwacher Hitze ca. 10 Min. garen.

4 Die Hähnchenteile warm stellen. Die Sauce durch ein Sieb in eine Kasserolle gießen und mit den Champignons, den Zwiebeln und dem Speck noch einmal erhitzen.

5 Die Hähnchenteile anrichten und mit der Sauce übergießen.

50

Hähnchenbeine
à l'Orange

Raffiniert

Zutaten für 4 Personen:
4 Hähnchenschlegel (je 125 g)
2 unbehandelte Orangen
Salz, weißer Pfeffer
rosenscharfes Paprikapulver
1–2 EL Öl
2 Bund Frühlingszwiebeln
50 g Rosinen
150 ml Hühnerbrühe
75 g saure Sahne

Zubereitungszeit
ca. 20 Min.
(+ 35 Min. Garen)
Pro Portion ca.
390 kcal

1 Den Backofen auf 200° vorheizen. Die Hähnchenschlegel im Gelenk trennen. 1 Msp. Orangenschale abreiben und mit den Gewürzen und dem Öl vermischen. Die Schlegel mit der Mischung einreiben.

2 Die Frühlingszwiebeln putzen und in 7–8 cm lange Abschnitte teilen. Die Orangen bis aufs Fruchtfleisch schälen. Die Früchte in fingerdicke Scheiben schneiden und diese halbieren.

3 Hähnchenschlegel mit Marinade in einem Bräter kräftig braun braten. Zwiebelstücke und Rosinen zugeben. Die Brühe angießen. Das Fleisch im heißen Ofen (Mitte, Umluft 180°) ca.30 Min. garen. Den Ofen ausschalten, die Orangenscheiben zugeben; noch 5 Min. im Ofen stehen lassen.

4 Die Schlegel mit Zwiebeln und Orangenscheiben auf einer Platte anrichten. Die saure Sahne in den Fond rühren und die Sauce dazu servieren. Dazu gibt's Nudeln oder Kroketten.

Tipp:

Statt Frühlingszwiebeln passt Lauch oder rote Paprikaschote.

52

Flugente

mit süßer Rotkohlfüllung

Schnell
Vorbereiten

Zutaten für 6–8 Portionen:
1 Glas Rotkohl
(650 g Abtropfgewicht)
150 g Ananasstücke (aus der Dose)
Salz, weißer Pfeffer
1 TL Lebkuchengewürz
1 küchenfertige Flugente (ca. 3 kg)
1 TL getrockneter Rosmarin
1 EL Öl
1 Bund Suppengrün
1/4 l Malzbier

Zubereitungszeit
30 Min.
(+ ca. 1 1/4 Std.
Garen)

Pro Portion ca.
420 kcal

1 Den Backofen auf 200° vorheizen. Den Rotkohl mit den Ananasstücken vermischen, mit Salz, Pfeffer und 1 Msp. Lebkuchengewürz würzen.

2 Die Ente waschen und gut trocknen. Rosmarin mit restlichem Lebkuchengewürz und Öl vermischen. Die Würzmischung in die Entenhaut einmassieren. Den Rotkohl in die Ente füllen, mit Küchengarn die Beine oben zusammenbinden.

3 Das Suppengrün waschen, putzen und grob zerkleinern. Einen Bräter auf dem Herd mit 50 ml Malzbier heiß werden lassen. Die Ente hineinsetzen, vorsichtig von allen Seiten anbraten, aus dem Bräter nehmen und das Gemüse anbraten. Mit dem restlichen Bier ablöschen.

4 Die Ente wieder in den Bräter setzen und im Ofen (unten, Umluft 180°) mit geschlossenem Deckel in 70–80 Min. garen. Die Ente ist gar, wenn die Kerntemperatur (Bratenthermometer) 90° beträgt. Im abgeschalteten Ofen warm halten.

5 Den Bratenfond soweit wie möglich entfetten und pürieren. Die Ente tranchieren und getrennt zur Sauce reichen.

54

Grillpfanne

Schnell

Zutaten für 4 Personen:
750 g kleine Kartoffeln
500 g kleine Zwiebeln
1 Paprikaschote
4 Hähnchenschenkel
3 EL Öl
Salz, Pfeffer
2 TL edelsüßes Paprikapulver

Zubereitungzeit:
ca 20 Min.
(+ 40 Min. Backen)

Pro Portion ca.
460 kcal

1 Den Backofen auf 200° vorheizen. Die Kartoffeln schälen und achteln, Zwiebeln schälen und vierteln. Die Paprika putzen und in Rauten schneiden.

2 Die Hähnchenschenkel mit einer Mischung aus Öl, 1 TL Salz, Pfeffer und Paprikapulver einpinseln, den Rest mit dem Gemüse vermengen.

3 Kartoffeln, Zwiebel und Paprika vermengen und in eine Auflaufform füllen, die Hähnchenschenkel darauflegen. Im Ofen (Mitte, Umluft 180°) ca. 40 Min. braten. Eventuell zwischendurch etwas Wasser angießen.

Tipp:

Nehmen Sie statt der Zwiebeln Zucchini, diese sind milder, und bestreuen Sie sie mit etwas Rosmarin.

Hähnchen
in Kokosmilch

Aus Kenia

Zutaten für 4 Personen:
1 Brathähnchen von ca. 1,2 kg
1 Stück frischer Ingwer,
ca. walnussgroß
5 Knoblauchzehen
1 Chilischote (ersatzweise
1/2 TL Cayennepfeffer)
2 TL Currypulver
1 Zwiebel
4 EL Öl
Salz
1/2 Bund Koriandergrün
1 TL Kreuzkümmel,
gemahlen
1/2 Kokosmilch (frisch
oder aus der Dose)
100 g Kokoscreme

Zubereitungszeit
ca. 1 Std..
Pro Portion ca.
570 kcal

1 Das Huhn in kleine Stücke schneiden, waschen und trockentupfen. Den Ingwer und den Knoblauch schälen, mit der Chillie kleinschneiden und zusammen mit dem Currypulver zu einer glatten Paste verarbeiten (am besten im Mörser oder in einer Gewürzmühle).

2 Die Zwiebel schälen und kleinschneiden. 2 EL Öl in einem Topf erhitzen. Die Zwiebel darin unter Rühren goldbraun braten. Die Gewürzpaste hinzufügen und gut mischen. Etwa 5 Min. braten.

3 Den Koriander waschen und kleinschneiden. Das restliche Öl in einer großen Pfanne erhitzen. Die Hühnerteile darin von allen Seiten in ca. 10 Min. braun braten. Salzen, die gewürzte Zwiebel unterrühren.

4 Koriander, Kreuzkümmel und die Kokosmilch dazugeben. Alles gut verrühren. 30–40 Min. bei mittlerer Hitze kochen lassen, bis das Huhn gar ist. Die Kokoscreme in etwas Kochflüssigkeit verrühren und über das Fleisch gießen. Den Topf vom Herd nehmen und bis zum Servieren stehenlassen. Mit Reis servieren.

Soup for the soul

1 Das Huhn gründlich waschen, die evtl. Innereien entfernen. Das Huhn mit den Pfefferkörnern in 2 l kochendes Salzwasser legen und im offenen Topf etwas 20 Min. kochen lassen; den sich bildenden Schaum abschöpfen.

2 Die Zwiebel schälen und vierteln. Das Suppengrün putzen, waschen und beides zum Huhn geben, zugedeckt weitere 45 Min. leicht kochen lassen.

3 Den Blumenkohl putzen, waschen und in Röschen zerteilen. Den Lauch längs halbieren, waschen und in Stücke schneiden. Die Möhren waschen, putzen und in Scheiben schneiden.

4 Das Huhn mit dem Suppengrün in ein Sieb geben, die Brühe auffangen Blumenkohl, Lauch und Möhren in der Brühe zugedeckt 25 Min. garen. Die Nudeln nach Packungsanweisung bissfest kochen.

5 Das Hühnerfleisch vom Knochen lösen, würfeln und mit den Nudeln zum gegarten Gemüse geben. Die Suppe mit Sojasauce abschmecken und mit der Petersilie bestreuen.

Zutaten für 6 Personen:
1 kg küchenfertiges Suppenhuhn
4 Pfefferkörner
1 1/2 TL Salz
1 Zwiebel
1 Bund Suppengrün
500 g Blumenkohl
100 g Lauch
250 g Möhren
100 g kleine Muschelnudeln
einige Tropfen Sojasauce
2 EL gehackte Petersilie

Zubereitungszeit: 1 Stu
Pro Portion ca.: 460 kcal

60

Gasherd-Temperaturen

Die Temperaturstufen bei Gasherden variieren von Hersteller zu Hersteller. Welche Stufe Ihres Herdes der jeweils angegebenen Temperatur entspricht, entnehmen Sie bitte der Gebrauchsanweisung.

Backen mit Umluft

Alle Temperatur- und Zeitangaben im Buch beziehen sich aufs Backen mit Ober- und Unterhitze. Die entsprechende Umluft-Temperatur ist etwa 10 % geringer und ist in jedem Rezept in Klammern angegeben.

Abkürzungen

TL	=	Teelöffel
EL	=	Esslöffel
Msp.	=	Messerspitze
kcal	=	Kilokalorien

Impressum

(c) 2001 Gräfe und Unzer Verlag GmbH, München.
Alle Rechte vorbehalten. Nachdruck, auch auszugs-
weise, sowie Verbreitung durch Film, Funk, Fern-
sehen und Internet durch fotomechanische Wieder-
gabe, Tonträger und Datenverarbeitungssysteme
jeglicher Art nur mit schriftlicher Genehmigung des
Verlages.

Einzelabdrucksrechte der Cartoons
von Peter Gaymann
© Cartoon Concept®, Hannover

Redaktion: Stefanie Poziombka
Layout und Umschlaggestaltung:
Andrea Schmidt - www.wildatart.de
Satz und Herstellung: Verlagssatz Lingner
Produktion: Maike Harmeier
Fotos: Alle Foodfotos sind von Michael Brauner;
Ausnahme: Seite 11, 12 Odette Teubner/Fotostudio
Teubner
Reproduktion: Repro Schmidt, Dornbirn
Druck und Bindung: Kaufmann, Lahr
ISBN 3-7742-2600-8

Auflage   5.   4.   3.   2.
Jahr   05   04   03   02   01

Weitere Informationen zu Peter Gaymanns Post-
karten und Geschenkartikeln erhalten Sie bei:
Cartoon Concept®
Postfach 1269
30012 Hannover

Peter Gaymann

Geboren 1950 in Freiburg im Breisgau,
gehört Peter Gaymann zu den erfolg-
reichsten deutschen Cartoonzeichnern.
Seit seinem 1984 erschienen Cartoon-
band „Huhnstage" sind die Hühner zu
seinem Markenzeichen geworden. Sei-
nen Zeichnungen und Drucken wurden
zahlreiche Ausstellungen gewidmet, sie
erscheinen regelmäßig in Magazinen
wie der BRIGITTE, GONG, verschiedenen
Kochzeitschriften und vielen anderen.
Gaymann lebt, nach einem mehrjährigen
Aufenthalt in Rom, als freier Zeichner
und Grafiker in Köln.